Gabriela Romeu e Penélope Martins

TRAQUITANA

Ilustrações
Fê

Ciranda
na Escola

Dados Internacionais de Catalogação na Publicação (CIP) de acordo com ISBD

M386t   Martins, Penélope.
      Traquitana / Penélope Martins ; Gabriela Romeu ; ilustrado por Fê. - Jandira, SP : Ciranda na Escola, 2024.
      32 p. : il. ; 24,00cm x 24,00cm.

      ISBN: 978-65-5384-349-3

      1. Literatura infantil. 2. Rimas. 3. Memória afetiva. 4. Invenção. 5. Habilidades. 6. Tempo. I. Romeu, Gabriela. II. Fê. III. Título.

2024-1755   CDD 028.5
                                                                                      CDU82-93

Elaborada por Lucio Feitosa - CRB-8/8803
Índice para catálogo sistemático:
1. Literatura infantil 028.5
2. Literatura infantil 82-93

Ciranda na Escola é um selo da Ciranda Cultural.

© 2024 Ciranda Cultural Editora e Distribuidora Ltda.
Texto © Gabriela Romeu e Penélope Martins
Ilustrações © Fê
Editora: Elisângela da Silva
Revisão: Fernanda R. Braga Simon e Lígia Arata Barros
Diagramação: Ana Dobón
Produção: Ciranda Cultural

1ª Edição em agosto de 2024
www.cirandacultural.com.br

Todos os direitos reservados. Nenhuma parte desta publicação pode ser reproduzida, arquivada em sistema de busca ou transmitida por qualquer meio, seja ele eletrônico, fotocópia, gravação ou outros, sem prévia autorização do detentor dos direitos, e não pode circular encadernada ou encapada de maneira distinta daquela em que foi publicada, ou sem que as mesmas condições sejam impostas aos compradores subsequentes.

Para os artistas das gambiarras.

Venha ver o quintal da Traquitana:
são coisas raras, bugigangas tantas,
sobras preciosas, restos do mundo,
maravilhosos baús sem fundo.
Entre na oficina de achados e perdidos,
na máquina de objetos desconhecidos.

Tem pé de umbu, umbuzeiro,
tem jamelão cobrindo o chão.
Teto de nuvens, não tem parede,
entre troncos se enlaçam redes.

Porca, prego, parafuso
a casa da vovó tem tudo:
arame, grampo, cadarço,
alfinete, clipe, fivela,
um cinema de moviola
onde gira a manivela.

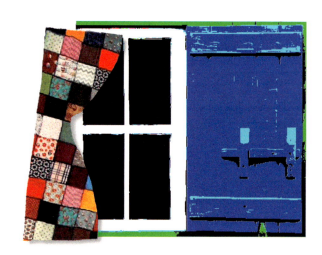

Martelo, chave de fenda,
alicate e um velho serrote.
O tataravô da avó era
um tal de Dom Quixote.

Põe touca, boina, turbante,
amarra a saia com barbante.
Com galochas cintilantes,
colar e uma capa de heroína,
Traquitana é boa dançarina
desde o tempo de menina.

Alça de balde, tampa de panela,
abotoadura, peneira, funil.
Vovó faz das tralhas velhas
invenção de coisas mil.

Ainda bebê, moleca de colo,
descobriu que lata de marmelada vazia
serve para guardar segredo e poesia.
Com uma porção de coisas imperfeitas,
trecos e restos a entulhar o planeta,
vovó faz render brinquedos que inventa.

Retalhos, pregadores, corda de varal, vestido que é cortina, luz de lamparina, teatro de sombras com caixa de sabão para espantar dia de chuva e solidão.

Os netos vivem ao redor da saia dela,
batendo palmas no chiar das chinelas.
Tiram som das ventanas da janela,
criam bateria com bacia e tramela;
chocalho jeitoso de mucunã e cabaça
toca a banda da vovó no meio da praça.

Dentro das gavetas, montes de cacarecos
viram pandeiro, peteca, pião, reco-reco.
Com antena de tevê, leque, cata-vento,
até o reio nunca usado no jumento,
mais o motor de um liquidificador,
vovó inventou seu chapéu-ventilador.

Ela usa apetrechos que qualquer coisa
desamassa, fura, corta, recorta, chuleia.
Com os mesmos badulaques, a cabeleira,
cheirando a flor de laranjeira, ela penteia.

Catapulta, alavanca, roldana
são os nomes de alguns
dos seus circuitos esquisitos:
vovó faz sistemas engenhosos
enfeitados com papel de bala,
movidos a palito de pirulito.

Todo dia, bem cedinho,
Traquitana salta da cama,
fica atenta, em sentinela.
Já acorda vestida,
de óculos, capacete,
uma peruca amarela.

Seus pés usam sandálias de rodinhas,
com maestria ela corre pela cozinha.
Cuscuz na caçarola para o desjejum,
água na moringa, naco de jerimum,
vovó come ovo colorido e graviola,
enquanto escuta cantigas na radiola.

Sua boneca gigante, fiel companheira,
encara todo tipo de brincadeira.
Conversa e toma chá de barbatimão,
apronta matula para adentrar o sertão.

Leva nas costas a mochila,
marreta, tarraxa, arruela,
uma sombrinha, trena,
cabo de vassoura e tigela.
Quando monta na lambreta,
cruza a ponte e a pinguela.

Na estrada do Jatobá,
mistérios sabe desvendar:
vovó decifra os piores medos,
amansa fácil pé de vento,
pé de cabra cura de tormento,
uma novidade a todo momento.

Assim, detecta de longe
criança chorosa, tristinha,
lenga-lenga e chorumela.
Daí que ela pega da lágrima,
faz mágica, dá pirueta,
transforma em ouro a remela.

Em cada parada a pedido,
atende gente carecida de remendo.
Vovó inventa de causar espanto:
máquina de consertar agrura,
chave de cuca que vive na lua
e um apertador de parafuso
para quem anda muito confuso.

Traquitana já enfrentou
assombração perigosa
com solução milagrosa.
Dançou até as pernas darem nó
desatado com risada e galhofada,
girou em cipó até alta madrugada.

Vovó sabe que as rimas
de seus versos e trovinhas
são excelentes ferramentas
para combater o desalento.
Por isso, ela cria em segredo
máquina de ver pensamento.

Ela conhece antigas cantigas,
é danada de parlendeira:
no terreiro de sua casa,
a criançada levanta a poeira.

Se acaso Lia pergunta
por que ela se sente
tão só, solitária, sozinha,
vovó puxa da cachola
uma intrigante resposta
em forma de adivinha.

Se o menino Pedro José
tem saudade, fica jururu,
vovó resgata lembranças,
espanta bruxa, ogro e tutu.

As invenções da vovó
são para toda e qualquer idade.
Encantam em qualquer canto:
mangue, ribeira, cidade.
Sonha construir geringonça
para reflorestar a felicidade.

De cá e de lá, sobre as autoras:

Gabriela Romeu é uma escritora traquitana. Jornalista, pesquisadora, ela é sabida que dá gosto e já me ensinou coisas incríveis sobre teatro, ovo estalado, careta, observação e literatura. Tem uma coisa que eu sempre lembro quando retomo as ideias da Gabi, seu conceito de "território da infância", esse quintal que leva o tempo de dentro em cada um de nós. É bonito demais ler seus escritos, a gente brinca com as letras dela e rocamboleia na terra feito minhoca em dia de chuva! Sua pesquisa constante sobre as infâncias pelo Brasil rendeu livros lindos de lascar a moleira: *Terra de cabinha*, *Menininho*, *Irmãs da chuva* são alguns deles.

— Pê

Penélope Martins é poeta cheia de trelelê, além de escritora premiada e narradora de histórias sem igual. Advogada, estudou as leis tim-tim por tim-tim para defender os direitos humanos, entre eles a urgente importância do acesso à leitura. Ela é danada também criando banquetes com poucos ingredientes, coisa que aprendeu com sua avó (parente da Traquitana!). Eu admiro um bocado essa amiga de ideias sacolejantes que dividiu comigo as mesmas ruas e pracinhas de infância, o que só descobrimos tempos depois! Coisa imaginosa e inusitada feito as histórias que ela escreve, como *A princesa de Coiatimbora*, *Patavina*, *Balada do ogro solitário* e *Uma boneca para Menitinha*.

— Gabi

Esse é o Fê, artista sensacional. Ele é arquiteto de formação, mas iluscritor por vocação e paixão. Nascido na cidade de Santos, em São Paulo, ele mora em Florianópolis, Santa Catarina, e os seus livros viajam pelo Brasil todinho, levando para as crianças muita alegria. Desde pequeno, a caixa de lápis de cor e os pincéis são seus amigos inseparáveis. Com eles, Fê já criou mundos e personagens inimagináveis. Foi assim com Traquitana, de maneira encantadora, que ele fez brotar saia de funil, peruca amarela e uma lambreta voadora.

— Gabi e Pê